ANDRÉ DUBOSCQ

La Victoire sans Ailes

Avant-propos de M. Gaston DESCHAMPS

PARIS

EUGÈNE FIGUIÈRE, ÉDITEUR.

7, RUE CORNEILLE, 7

LA VICTOIRE SANS AILES

DU MÊME AUTEUR

Syrie, Tripolitaine, Albanie (avec 2 cartes hors texte).
Un volume in-16 (F. Alcan) **3 50**

Budapest et les Hongrois (avec préface de M. René
Millet, ambassadeur de France).
Un volume in-16 (Rivière et Cie). **2 50**

Louis-Bonaparte en Hollande d'après ses lettres
1806-1810. (Recompensé par l'Académie des Sciences
morales et politiques).
Un volume in-8° (Émile Paul). **7 50**

Pierre-Guy, roman.
Un volume in-16 (Société d'édition Levé) (épuisé).

ANDRÉ DUBOSCQ

La Victoire sans Ailes

Avant-propos de M. Gaston DESCHAMPS

PARIS
EUGÈNE FIGUIÈRE, ÉDITEUR
7, RUE CORNEILLE, 7

Sur la tombe mouvante de nos marins, sur la butte de terre herbue de Champagne et d'Artois, et sur le pli de sable d'Orient qui recouvrent les dépouilles glorieuses de nos soldats, je dépose un humble bouquet. Que des huit fleurs qui le composent, les sept premières soient un hommage à leur bravoure; que le parfum de la huitième monte comme l'encens, devant l'autel où leurs vies ardentes furent sacrifiées à l'espoir d'une ère plus libre et d'une humanité meilleure.

A. D.

AVANT-PROPOS

L'auteur des pages délicates et colorées qu'on va lire
ici, sous l'invocation de Pallas Athéna, est un Parisien
d'Athènes, en même temps qu'un Athénien de Paris. En
nous disant ce qu'il a entendu sur l'Acropole, il a spiri-
tuellement évité de donner aux paroles mystérieuses qu'il
a recueillies sous les radieuses constellations des nuits
attiques l'accent de Montmartre. C'est d'ailleurs une
licence poétique dont les dieux de l'Hellade ne s'offense-
raient pas, attendu que notre Montmartre, le mont des
Martyrs, a l'honneur d'être, comme l'Olympe des Grecs,
une butte sacrée. D'un sommet à l'autre, on peut causer,
par des moyens célestes, plus ou moins comparables au
miracle aérien de la télégraphie sans fil.

La conversation d'un jeune Français avec les divinités
toujours vivantes que Phidias a célébrées dans le marbre
du Parthénon a volontiers le caractère charmant d'une
rencontre amicale. Ce sont des entretiens familiers et
graves, comme les libres propos des banquets platoni-
ciens. Et la souriante sérénité de ces dialogues n'exclut
pas les discussions sur la politique.

La politique a toujours été une des occupations préfé-
rées des dieux, des héros et des sages de la Grèce. Le
chœur des tragédies antiques est une sorte de dissertation
lyrique sur les thèmes éternels qui servent de sujets,

aujourd'hui encore, aux principaux articles de journaux de Paris et d'Athènes. Journaliste avec passion et avec délices, M. André Duboscq avait été envoyé chez les Hellènes par un grand journal français, qui s'intitule le *Temps*, et qui marque par ce titre la légitime ambition de faire vivre au-delà des strictes limites d'une brève journée les conseils de sagesse, les récits d'histoire et les maximes de gouvernement que sa propagande bienfaisante a répandus, depuis plus d'un demi-siècle, parmi les mortels. L'ingénieux correspondant du *Temps* ne pouvait mieux faire que de s'adresser aux divinités tutélaires et noblement inspiratrices dont le doux et puissant génie a conçu l'harmonieux système de lois, de règles et de coutumes qui permet aux hommes, dans les pays les plus divers, de vivre en sociétés régulières.

Grâce à la curiosité universelle et infatigable d'Hermès, messager des dieux, patron ailé des modernes reporters, les Olympiens sont au courant des plus récentes actualités. Ils reçoivent, sans doute, par service spécial, les « communiqués » où le public, même chez les neutres, s'efforce de suivre au jour le jour les drames de la guerre. Parfois les grossiers mensonges de l'agence Wolff soulèvent, dans l'assemblée des dieux, un rire homérique, à moins que la monstrueuse turpitude des félonies germaniques ne fasse gronder d'indignation le tonnerre de Zeus.

Sur les cimes lumineuses que l'azur du ciel oriental enveloppe d'une atmosphère subtile, l'humanité moderne a toujours aimé à contempler l'impérissable idéal qui donne du prix à la vie et confère à la mort elle-même une immortelle beauté. Lorsque les idoles sanglantes des peuplades barbares apparaissent dans un cauchemar de meurtre et de dévastation, il faut exorciser la hideuse malfaisance de ces fétiches par le culte des rassurants symboles qui ont perpétué dans les sanctuaires et sur les autels la tradition du Droit, de la Justice et de l'Honneur.

L'injurieux écho des orgies du Walhalla, l'infâme ébriété du « vieux dieu » stupide et féroce dont un nouvel Attila prétend infliger, même à la Grèce, les rites épouvantables, ne sauraient prévaloir contre l'éternelle jeunesse des puissances spirituelles qui renouvellent, sans cesse, l'énergie des peuples libres et des nations civilisées.

Par delà les siècles d'humiliation et de servitude où le Bas-Empire ottoman, aujourd'hui associé, par une exécrable complicité, aux crimes des Allemands, des Autrichiens, des Hongrois et des Bulgares, s'est appesanti sur les chrétientés d'Orient, il est bon de chercher, dans un paysage inspiré, la formule nette et simple du devoir qui s'impose à ceux qui se glorifient d'être les héritiers de Périclès, et qui ont l'insigne honneur d'être les compatriotes de M. Vénizélos. Noblesse oblige. C'est à ce vieil adage de la chevalerie française qu'aboutissent, en dernière analyse, les belles pensées dont M. André Duboscq a voulu graver l'expression décisive et précise, sur une stèle, au pays des poètes et des sculpteurs.

Gaston DESCHAMPS.

SUR LE TEMPLE
DE LA VICTOIRE SANS AILES

SUR LE TEMPLE
DE LA VICTOIRE SANS AILES

Il est, sur l'Acropole, un petit temple de marbre blanc, témoignage d'une douce et aimable piété : c'est le temple de la Victoire sans Ailes, qui descendue un jour sur le sol de l'Hellade, s'y fixa pour toujours. Venue du ciel, elle fit d'Athènes sa patrie d'adoption et du haut de la colline sacrée, rayonna sur le monde. Les peuples, même victorieux, subissent son joug salutaire. Qu'ils soient alliés ou ennemis entre eux, qu'ils habitent les régions arctiques ou vivent sous les brûlants climats, qu'ils soient grands ou petits, riches ou pauvres : tous tendent leurs bras vers elle, la Toute-Puissante, l'Immortelle qui ne s'envole pas.

Ainsi pensais-je, chaque fois que mon loisir me

conduisait sous les Propylées en compagnie d'une amie que m'avait donnée le hasard du voyage. Cette femme, née au bord de l'Europe, mais dont les traits évoquaient une lointaine Asie, rendait plus sensible encore, par contraste, aux yeux de mon imagination, la présence dans le temple blanc de la Victoire Aptère. Et j'ajoutai, en pensée :

— Gracieuse et puissante déesse, c'est toi qui as subjugué les ancêtres barbares de mon amie; c'est toi qui as fait d'eux des êtres vraiment humains. Ils n'étaient, avant que tu descendisses sur ce roc béni que je foule avec émotion, que des hommes peu différents des bêtes; mais tu les as mis sous ton joug à la fois pesant et léger, et ils furent transformés, quand tu leur eus insufflé un peu de ta vie divine et que tu leur eus donné le baiser qui humanise.

Les heures s'allongeaient, bleues et sereines, au-dessus des temples et des îles, et, quand venait le soir, le sanctuaire de la Victoire reflétait la lumière dorée du ciel. Il me semblait, alors, que c'était de lui qu'émanaient les rayons lointains et j'appréhen-

dais que les ombres ne vinssent trop tôt l'enve-
lopper, car je croyais entendre glisser autour de
moi, en d'immenses murmures, les voix pieuses et
reconnaissantes de l'humanité.

— O divine Athènes, disaient-elles, tu es vraiment l'élue des dieux, toi qui as reçu l'envoyée
céleste et as su la fixer! Tu as vu sortir de tes
pierres, autour de son temple, la fleur de l'esprit et
des mœurs. Les hommes te doivent une seconde vie.
Tu es celle sur qui l'Immortelle a fermé ses ailes
pour ne plus les rouvrir.

*
* *

La Pnyx où parlait Démosthène dévale doucement
vers la chapelle de Dimitrios. Je longe le mur de ce
sanctuaire éloigné d'Athènes et j'atteins les premiers
rochers. L'Acropole m'apparaît dans sa noble gloire.
De nombreux cyprès, arbres tristes en Occident,
mais ornement des campagnes orientales, sont
comme des flammes noires qui honorent le séjour
d'Athéna. Vibrante évocation! L'âme des choses
palpite; leur vie s'infiltre dans la nôtre. C'est par

l'intermédiaire des choses, œuvre des hommes, que ceux qui les ont faites sont compris de ceux qui les admirent. Quels hommes furent jamais plus près de nous que ceux qui édifièrent ces temples? Les proportions, la mesure, les formes qu'ils aimaient sont celles que nous aimons. Leur amour de la justice, de la beauté, de l'harmonie, de tout ce qui est « beau et bon », monte vers la lumière avec l'élan des marbres demeurés debout. Je perçois ici comme la fusion de sympathies intimes et lointaines, comme le resserrement de liens invisibles par delà les temps révolus...

La cloche orthodoxe de Dimitrios rompt le cours de ma rêverie. Tous ceux qui sont passés ici ont ressenti la poésie de la petite église qu'entoure un mur blanc et qu'ombragent des poivriers au clair feuillage.

Le soir commence. Je gravis la Pnyx. Athènes, serrée entre l'Aréopage, l'Acropole et le Lycabette, s'étend librement dans la plaine du Céphise. Les premiers feux brillent dans la ville. Une lampe comme un phare s'allume au monastère du Lyca-

bette et pique dans le firmament une étoile d'or.
C'est l'heure bleue. Les pentes des montagnes se
colorent. Athènes se couronne de violettes et, du
haut de l'Acropole découpée tout entière sur l'azur
profond, les blancheurs dorées du temple de la
Victoire Aptère défient l'astre couchant qui tombe
vers Salamine.

*
* *

La première nuit que je passai à Athènes, je fus
réveillé par un tremblement de terre. D'aimables
Athéniennes y découvrirent pour moi un fâcheux
présage. Celles d'entre elles qui me virent, quelques mois plus tard, quitter précipitamment la
Grèce à l'appel guerrier de ma patrie, ne manquè-
rent pas de me rappeler l'incident.

— Incrédule étranger, me dirent-elles, qui mépri-
ses les avertissements du ciel, tu mérites que les
dieux, aujourd'hui, t'abandonnent, car tu as ri de
ce que nous t'avons dit au lendemain de ton arrivée sur la terre qu'ils préfèrent, et, en te moquant
de nous, c'est d'eux-mêmes que tu te moquais.
Pourtant, infortuné qui, sous les nuées grises de

2

ton pays, ne peux voir, comme nous, rayonner leur divinité, nous souhaitons qu'ils te soient propices, gardent tes jours et accordent la victoire à tes concitoyens. Car, malgré votre incrédulité, vous nous êtes chers, ô étrangers! Nous sentons confusément que l'ennemi qui se dresse contre vous est en même temps le nôtre. Jadis, dans le passé séculaire, notre peuple a sauvé la noblesse et l'espérance humaines de l'abîme où les poussait la barbarie déchaînée de l'Asie. Maintenant, c'est vous qui les défendrez contre les Barbares revenus, et nous voulons, ô fils de notre mère! ô Adelphes! que vous vainquiez.

Ainsi parlèrent, à peu près, mes amies d'Athènes, quand elles vinrent, selon l'usage d'Orient, m'accompagner jusqu'à bord du navire. Elles dirent ces choses et d'autres encore, car elles aiment la parole, comme Platon qui « tissait des phrases d'argent ». Une foule immense encombrait le quai du Pirée, pour acclamer les Français qui partaient, et stationna jusqu'à la nuit, mêlant dans ses chants l'hymne grec à *La Marseillaise*.

Au fur et à mesure que je m'éloignais du port, je distinguais les découpures familières de la côte et des îles. L'Hymette, grandissant peu à peu au-dessus d'Athènes, tendait son rideau sombre derrière l'Acropole, qu'éclairait un rayon de lune.

Le contraste était grand, entre ces choses éternelles et immuables, et l'agitation des esprits et des corps qui régnait autour de moi. L'affluence des passagers gênait la manœuvre et provoquait la colère bruyante des marins grecs; la surexcitation des esprits déliait la langue des Français, dont les espoirs glorieux se donnaient libre cours.

Combien sont morts en héros, de ceux qui partaient ce soir-là, pour le triomphe et la revanche de la Victoire sans Ailes!

Avril 1915.

LA PORTE DE JAFFA

LA PORTE DE JAFFA.

La nuit commence à envahir les profondeurs du
ciel et la face tourmentée de la terre. Le plateau où
je suis descend devant moi, se creuse en vallée, puis
remonte vers un autre plateau que de grands murs
dominent. Leurs longues lignes crénelées, leurs
tours carrées et massives enserrent une ville, l'annoncent et la cachent. Aucun arbre, aucune herbe,
aucun ruisseau n'orne ce paysage où tout n'est que
pierres et poussière. « Le Seigneur a assouvi sa
« fureur, il a répandu l'ardeur de sa colère, il a allumé
« dans Sion un feu qui en a dévoré les fondements...
« O vous tous qui passez par le chemin, regardez
« et voyez s'il est une douleur comparable à ma
« douleur ».

Il semble que les lamentations du prophète emplissent encore l'air surchauffé du soir, et que la terre se refuse à pousser ses fruits sous la cendre des rois, des juges, des prêtres et des guerriers qui la recouvre. Aucun bruit ne sort des murs de Jérusalem, rares sont les êtres vivants qui parcourent les sentiers arides qui y mènent, le torrent du Cédron est sans eau, les piscines sont desséchées, les animaux des champs ne trouvent point ici de pâture; la désolation habite cette profonde solitude. « A quoi te comparerai-je, ô fille de Jérusalem? Ta « douleur est grande comme la mer ».

Ce n'est pas une place forte, ce n'est pas une ruine antique noircie et couverte de lierre; c'est moins encore une cité moderne, agitée et bruyante. C'est une enceinte vaste et lugubre, entourée de débris et de tombeaux. Les corneilles qui voltigeaient il y a deux mille ans autour du temple d'Hérode, sont demeurées sur les hauteur de Moriah. « Est-ce là cette ville d'une beauté si par- « faite, la joie de toute la terre? Jéhovah a accompli « la menace qu'il avait proférée dès les jours anciens :

« il a fait de toi un sujet de joie pour tes ennemis,
« il a exalté la force de tes oppresseurs ».

Un jour, la cendre des rois s'éleva en tourbillons
au passage d'un prince moderne et de son escorte.
Il suivait la route qui descend dans la vallée et
remonte vers la ville. Des pachas l'attendaient devant
les murs ; des soldats turcs formaient la haie sur son
passage et repoussaient la foule importune. Il s'avan-
çait sur son cheval blanc à la tête de ses gens, sous
un soleil de feu, sous la pure lumière de l'Orient,
lui, l'empereur du pays des brumes, et, pour se pré-
server de l'ardeur des rayons, autant que pour
ajouter au principe d'autorité qu'il représente, quel-
que chose d'immatériel et de mystérieux pour l'imagination du peuple, il s'était recouvert d'un voile
blanc et transparent qui laissait à peine deviner ses
armes. Derrière lui flottait un guidon qui portait
l'aigle noir sur fond jaune. Ainsi l'oiseau sombre
de la Prusse et le cygne blanc du Graal unissaient
leur symbole.

Et voici que dans la muraille intacte de Jérusalem
apparaît une brèche nouvellement ouverte. La porte

de Jaffa est tombée sous la pioche afin que la lar-
geur en fût au moins doublée, et ceux qui répétaient
pieusement avec le psalmiste : « Je me suis réjoui de
« ce qu'on me disait : Nous allons à la maison de
« Jéhovah ! Déjà nos pieds sont à tes portes, ô Jérusa-
« lem ! » ont vu s'écrouler les pierres et les créneaux
séculaires à l'annonce de l'arrivée du prince terrestre.
Il est entré sans honte par la trouée fraîche et
l'étendard vert surmonté du croissant s'est incliné
devant lui, car il s'est déclaré solennellement l'ami
des Mahométans qui vénèrent le Khalife en la per-
sonne du Sultan.

Le souvenir de ces choses flotte au-dessus du va
et vient des indigènes à la porte démantelée de Jaffa.
Des chevaux, des mules rentrent dans la ville agi-
tant des clochettes ; les chiens qui tout le jour ont
dormi à l'ombre, s'approchent des cafés quêtant leur
pâture, les narghillés s'alignent au bord des trottoirs
et les lampes fumeuses s'allument sous les auvents.

Le croissant de la lune jette une pâle clarté dans
le vallon, sur la cendre des rois, des juges, des prêtres et des guerriers...

*
* *

Je suis sorti par la brèche unique de Jérusalem et j'ai contourné la ville par le sud. Me voici arrivé à l'angle du Haram ech Chérif, l'ancien emplacement du Temple. Devant moi s'étend la vallée de Josaphat sur l'autre versant de laquelle repose Gethsémanie. Je descends dans la vallée des larmes, du recueillement et de la mort. Partout des monuments funèbres, des roches nues, quelques arbres sans verdure, des tombes brisées. La chaleur est accablante et d'énormes lézards guettent immobiles au creux des oliviers gris, les insectes bourdonnants qui seuls mettent un peu de vie dans cette nature déshéritée.

Plus haut que Gethsémanie se dresse une sorte de castel de style roman flanqué d'une tour qui domine la contrée; c'est la fondation de l'impératrice allemande Augusta-Victoria.

Ainsi à l'ouest et à l'est de Jérusalem, l'Allemagne n'est venue que pour détruire ou menacer; cette forteresse orgueilleuse qui commande ces lieux de prières et d'éternel repos semble attendre le moment de les canonner.

L'emplacement de la mer Morte dont j'aperçois un morceau du miroir, la vallée du Jourdain et le village de Jéricho se dessinent dans le lointain, entre le plateau des oliviers et les montagnes bleuâtres de Moab. L'horizon comme tout ce qui m'entoure évoque une humanité si vieille, que des générations de cités y sont tombées en poussière comme des générations d'hommes.

Je croise à mon retour une caravane de nomades vêtus comme il y a des siècles; leurs chameaux pelés et rugueux portent je ne sais quels fardeaux; des filles aux grands yeux noirs, à la peau bistrée, les poignets et les chevilles ornés d'anneaux de verre et de métal marchent en tête; elles vont devant elles, pieds nus parmi les pierres aiguës du Cédron, et passent indifférentes, insouciantes, impénétrables, devant la fondation de l'impératrice Augusta-Victoria...

*
* *

Hier, à la veille de Noël, un long défilé d'hommes et de femmes encadré de soldats turcs est sorti de

Jérusalem par la porte de Jaffa. Ils parlaient français
entre eux. Beaucoup étaient très âgés ou malades.
Leur aspect était lamentable. Ils refaisaient en sens
inverse le chemin qu'avaient suivi autrefois le prince
au voile blanc et son escorte. Ils étaient chassés de
leurs habitations par son ordre, car ce prince sous
son voile dissimulait ses armes et ses paroles d'ami-
tié ne s'adressaient pas à eux. Leur charité, leur
dévouement pour les misères humaines ne les
avait pas préservés des rigueurs du prince, parce
qu'ils n'étaient pas ses sujets et ne voulaient pas le
devenir; aussi ses officiers et les Turcs à sa solde
avaient-ils pris possession de leurs demeures et sac-
cagé leurs jardins.

Les sujets du prince s'étaient alliés aux fils de
l'Islam sous la coupole bleue de la mosquée d'Omar
et ils avaient crié ensemble : Mort aux Chrétiens!
L'écho de Josaphat avait répété ce cri, étouffant le
doux chant des Béatitudes.

Les soldats, les canons soulevaient en tourbillons
la cendre des rois, des juges et des prêtres; les créneaux des murs se garnissaient d'hommes en armes

dont le tumulte barbare retentissait dans le royaume de l'esprit et de la paix. Le sombre temps des guerres était revenu annonçant des ruines et des cendres nouvelles. Les justes s'étaient enfuis de la ville et la voix du prophète clamait lamentablement sur l'héritage de Juda : « La cité de notre saint est « devenue déserte. Sion est une solitude. Jérusalem « est désolée ».

Mai 1915.

SÉLAMLIK A DOLMA-BAGTCHÉ

SÉLAMLIK A DOLMA-BAGTCHÉ.

Le grand portail d'or du palais de Dolma-Bagtché reluit, enchâssé dans la neige du marbre et surmonté. du « toughra » vert et or, énigme et ornement, sceau de l'Etat, symbole des croyants, émeraude scintillante parmi les sculptures blanches. Du rutilant joyau part l'avenue sablée qui mène à la mosquée où le Sultan assistera au Sélamlik, la grande prière du vendredi. Des massifs de rhododendrons, des corbeilles de fleurs, des bosquets de saules et de lilas bordent les deux côtés de l'allée. Un soleil printanier avive la verdure neuve des pelouses et des feuilles et bleuit au delà, les eaux tranquilles du Bosphore. Sous un ciel sans nuages les monts de l'Asie se prolongent à l'infini; se perdent dans le poudroiement lumineux de l'horizon, tandis que la pointe du Sérail, évocatrice des passés magnifiques, avec ses minarets, ses cyprès et ses coupoles, émerge des eaux de Marmara, belle et radieuse autant que le jour même.

La foule augmente sur la place qui s'étend à l'extrémité de l'avenue et où s'élève la mosquée de la Sultane Validé. Les voitures contournent le lourd palais de l'ambassade d'Allemagne et descendent au galop des chevaux la rampe qui conduit vers la place. Par la portière des landaus fermés, j'aperçois le nuage de mousseline qui dissimule le visage des princesses de la famille impériale dont les yeux seuls sont visibles. Chaque voiture, chaque piéton se fraye un passage et se place de son mieux.

Soudain les fifres annoncent l'arrivée des troupes. Un cordon d'infanterie en costume kaki, nouveauté conseillée par l'Allemagne, se porte tout le long du parcours; des hussards bleus de façon allemande, montés sur des chevaux noirs, forment une double haie de lances ornées d'une flamme rouge.

Les soldats sont au repos sous le soleil vertical, l'attente est pénible et muette. Les regards se tournent vers le minaret où doit apparaître à midi le muezzin, comme pour implorer l'heure qui tarde.

A pied ou en voiture arrivent les dignitaires qui salueront le Sultan avant sa sortie du palais. Le grand portail s'ouvre et se referme derrière eux. Ce sont des officiers surtout, des généraux, des prêtres délégués de La Mecque ou de Bagdad, des contrées lointaines sur lesquelles le Khalife étend son religieux empire; leurs longues robes vertes, jaunes ou orangées, éclatantes sous la lumière du jour, apportent au milieu de l'Orient d'aujourd'hui, la note farouche et charmante des temps anciens.

Mamoud Chevket pacha, le héros de la Révolution d'hier, ministre de Sa Hautesse entre à son tour. Les troupes, quand il passe, se redressent, et les étrangers acclament en lui le fondateur de l'ère nouvelle, de l'ère de progrès et de liberté qui s'ouvre pour l'empire. Les croyants impassibles se contentent de le regarder; aucune flamme ne jaillit de leurs yeux immobiles, aucune expression n'en spiritualise l'éclat; voisins, ils ont rapproché sans les détruire, les solitudes intérieures que chacun d'eux habite...

Enfin, apparaît la voiture de gala qui va chercher le Sultan. C'est une victoria attelée de quatre purs-sangs tenus en main et précédée d'un piqueur en livrée blanche et or, qui porte une culotte bouffante, des manches flottantes de Tcherkess, et, sur la tête, une toque noire d'astrakan. Puis de nouveau des fifres du côté de la place : c'est la garde du Padis-chah vêtue de rouge, coiffée d'un colback blanc. Elle marche d'un pas alerte, entre dans le palais et cette fois, les portes ne se referment plus. Alors des commandements retentissent, les armes scintillent, un cliquetis bref se fait entendre et le silence retombe solennel, saisissant, presque religieux.

Midi ! Une musique lente et douce, un peu lointaine, monte on ne sait d'où dans l'air pur. Les hussards massés des deux côtés de la porte de Dolma-Bagtché se rejoignent et s'avancent lentement dans l'allée. Derrière eux le piqueur reparaît et dans la victoria qui suit, le Khalife, seul, regarde la foule qui s'incline.

L'instant est court; la distance qui sépare le palais de la mosquée est vite franchie et quand je perds des yeux le souverain, le chant du muezzin m'apprend qu'il est entré. Aux quatre coins de l'horizon l'appel à la prière s'envole, léger, mélancolique, un peu étrange, mêlant au spectacle ensoleillé qui enchante la foule une mystique et troublante impression d'Islam.

*
* *

... La foule est peu nombreuse, les étrangers sont presque tous des Allemands; des cyprès manquent à l'horizon de Stamboul, de lourdes fumées traînent sur le Bosphore au-dessus des cuirassés actifs; des soldats au pas pesant qu'on n'a jamais vus devant Validé Djami et qui parlent une langue gutturale qui n'est pourtant pas celle des Turcs, forment la haie entre le palais et la mosquée.

Le Sultan est pâle. Il porte sur sa poitrine la Croix de fer. Enver pacha, son ministre d'aujourd'hui le suit. L'héritier du trône le prince Izeddin est là.

Les Allemands se demandent où est von der Goltz. Un officier portant l'uniforme turc leur répond dans leur langue qu'il a dû partir en hâte pour Gallipoli..

Les croyants regardent en silence passer le Khalife.

A peine la cérémonie est-elle terminée à l'intérieur de la mosquée, que le roulement tumultueux d'un moteur se fait entendre, et, tandis que le Sultan remonte dans sa victoria, Enver pacha saute dans son automobile écarlate qui rompt les rangs de la foule et trompetant, bondissant sur les pavés, gagne à toute vitesse le haut de la ville. . . . . . .

. . . .

Où sont les jours de confiance, les jours de foi de la Révolution? Où sont les espérances clamées par les bouches émues et frémissantes et répétées par les voix du dehors?

L'aigle d'Occident a projeté sur l'Orient l'ombre de ses ailes. Il a semé le désarroi parmi les pigeons qui dorment sous les platanes près des fontaines, il a troublé les heures dont le cours se règle au soleil, il a chassé la poésie des cyprès et des tombes, des ruelles où s'entremêlent les gens et les troupeaux, il a terni la blancheur des coupoles, fané la beauté des loques bariolées qui drapent les échines de pourpre et d'or.

Le Hohenzollern n'a pas trouvé dans les chefs les
conquérants farouches de Byzance, mais d'âpres
mercantis et de plats ambitieux. Il en a fait ses ser-
viteurs et ses esclaves, sûr que la masse du peuple
suivrait comme au temps passé ceux qui la mènent
en disant : c'était écrit !...

Mais ce qui est écrit, ce n'est pas seulement le
sort de l'Orient, c'est aussi celui de l'Occident.
L'assaut barbare des peuples qui se ruent sous
l'étendard de l'aigle, qu'ils invoquent Dieu ou
Allah dans la bataille, se brisera sur le roc des nations
où la plus pure Victoire s'est à jamais fixée.

Mai 1915.

AKHILLEION

AKHILLEION.

Tel un parterre de fleurs au milieu de la mer,
Corcyre, où les hommes ont gardé le profil des
marbres de l'Attique, s'étend sous le soleil, bercée
par le rythme des flots. Dans ses forêts joyeuses
dont l'ombre est parfumée, Nausicaa et ses compagnes se récréaient, au temps où le fils de Laërte
s'arrachant aux bras de Calypso, y trouva un
refuge. Alcinoüs l'accueille et là, sous les portiques,
couché sur des étoffes d'une laine précieuse, Ulysse
goûte enfin le repos qu'Athéna lui a ménagé.

*
* *

Sur la rive enchantée de Corfou, les Muses de
l'Hellade, et Pan, et les dryades sont revenus, un

soir que resplendit au flanc de la colline, un portique
nouveau. La brune impératrice, ressuscitant les
dieux, voulut revivre les jours de la Grèce immortelle parmi les pensées de son âme inquiète. Wit-
telsbach est trop loin, Meyerling trop proche...
Près de l'Achille expirant qui sur la terrasse
brandit l'inutile tronçon d'un glaive impuissant,
elle ôte d'un geste las le diadème d'Autriche et
s'accoude aux balustres pour regarder la mer...

*
* *

Sur les marches de marbre les gardes veillent,
tandis que le Kaiser en tenue de touriste cause
avec un aide de camp. Il est venu chasser, se
reposer, prendre de l'intérêt aux fouilles de ses
savants. Mais captivé à demi seulement par la
beauté du site, les souvenirs antiques et ceux d'hier
qui peuplent les coteaux et les golfes et la mer, il
songe aussi qu'il est bon pour Athènes que Berlin
soit si proche et que Vienne, à Corfou, lui ait cédé
la place. . . . .
. . . .

O vous, Muses de l'Hellade et vous, dryades, vous n'avez pas pour toujours déserté les forêts joyeuses où se récréaient Nausicaa et ses compagnes. Quand l'étranger barbare qui souille les sentiers où Pan sur sa syrinx accompagnait vos jeux n'y sera plus, j'entendrai vos voix harmonieuses glisser sur les harpes du vent, et je reverrai vos ombres légères se poursuivre dans les clairières, près du portique blanc qui resplendit, le soir.

Juin 1915.

SINAÏ

SINAÏ.

Sinaï ! Sinaï ! quelle nuit pour ta cime !
Quels éclairs, sur tes flancs, éblouissent les yeux !
Les noirs vapeurs de l'abîme
Roulent en plis sanglants leurs vagues dans tes cieux.

. . . .

Le poëte a vu Jéhovah dans la nue enflammée.

Théodora bâtit une église en ce lieu redoutable.

Le musulman qui revient de Médine, la sainte, sacrifie des agneaux en cet endroit.

Dans le désert brûlant où il fallut que le rocher d'Horeb se fendît pour que le peuple de Dieu se désaltérât, où la mâne au doux arôme dut tomber du ciel afin qu'il pût se rassasier, les soldats du Sultan ont porté leurs pas audacieux.

Nouvelles tribus errantes à la recherche d'une terre promise, ils ont quitté les terres grasses du

Jourdain et les aurores de Tibériade ; ils ont dépassé les puits taris de Siloë, franchi la frontière de sable et se sont avancés vers la ligne bleue de l'horizon, bravant la faim, la soif, le soleil aveuglant et le vent. On leur a dit, à ces fils du Prophète, que la guerre était sainte et qu'ils allaient délivrer au delà du désert, des frères depuis trop longtemps séparés. Fouettés par les paroles de ceux que pousse une vile ambition, ils s'enfoncent plus avant dans les solitudes mortes. Aucune eau ne jaillit du granit pour les désaltérer, aucune mâne ne tombe du ciel en feu ; leurs cadavres jonchent la steppe immense, chaque jour voit de nouvelles carcasses de chevaux et de méharis, jalons d'une épopée lamentable, se dessécher au soleil et les vautours planent sur l'armée en marche, gage encore vivant de ripailles prochaines.

*
* *

Les jours succèdent aux jours, la ligne étroite des pygmées s'étire vers l'occident.

On leur dit que le but est proche et que d'innombrables renforts leur viendront du pays lybien où el

Grand Senoussi a soulevé les fidèles de l'Islam. Le sable mobile, faiseur d'oubli, a recouvert derrière eux les traces de leurs pas ; c'est vers l'ouest que leur effort doit tendre, c'est là qu'ils rencontreront les tribus unies par le *djihad* et qu'ils délivreront leurs frères. Alors la colonne déjà diminuée par les premières épreuves avance encore. Le désert morne et menaçant s'ouvre toujours devant elle. Infortunés pélerins de la guerre, ceux qui jadis sont allés à La Mecque évoquent en leur mémoire quand le vent souffle en tempête, les pénibles étapes de leur péle-rinage.

> Sâhra, sur tes vagues poudreuses,
> Où vont, des quatre points des airs,
> Tes caravanes plus nombreuses
> Que les sables de tes déserts ? .
> C'est l'aveugle enfant du prophète,
> Qui va sept fois frapper sa tête
> Contre le seuil de son saint lieu.
> Le désert en vain se soulève
> Sous la tempête ou sous le glaive :
> « Mourons, dit-il, Dieu seul est Dieu ! »

Les cadavres jonchent le sol, plus nombreux qu'aux premiers jours; les tortures de la faim et de la soif se font sentir plus cruellement encore. On dirait que le désert se venge et que les solitudes éternelles châtient les mortels qui les ont violées. L'avance continue quand même. Pourtant, quand le vent à présent souffle de l'occident et rabat vers la troupe la poussière de sable, il apporte l'imprécise sensation d'un voisinage de vie. Les bêtes de bât s'inquiètent, un frémissement de surprise ou d'inquiétude secoue leur échine. Est-ce une tribu amie qui vient se joindre aux soldats du Sultan, est-ce une ville dont les minarets vont se détacher sur l'horizon, lorsque la nue de sable se sera dissipée? L'attente se prolonge au-delà de ce moment sans qu'aucune tribu, aucune ville apparaisse. L'étendue rouge et brûlante angoisse les cœurs et brise les énergies... Soudain la ligne de l'horizon semble se morceler, elle prend l'aspect d'une lame ébréchée... Les chefs commandent qu'on s'arrête, observent et ordonnent les formations de combat : au lieu de la terre promise, au lieu des tribus musulmanes tant attendues, c'est l'ennemi !

*
* *

La silhouette des masses grandit, se précise. Tout à coup le canon tonne et ouvre dans les rangs les premières brèches. La résistance cependant se prépare. La surprise passée, les soldats du Sultan harcelés par des chefs à la solde du Kaiser se ressaisissent et se portent en avant en invoquant Allah ! El-Kantara surgit. Un sillon d'eau reluit à l'horizon. Ordre est donné de l'atteindre. Courageusement les soldats obéissent.

La course vers l'eau brillante commence sous le feu des canons; des hommes tombent, mais le cri des croyants auquel se mêle les ordres des Allemands retentit et ceux qui ne sont pas tombés sont à présent à portée de fusil. Les armes sur les deux fronts crépitent. Les forces reviennent aux pélerins du désert; ils se ruent en avant sans peur, mais l'adversaire redouble de moyens. Plus le but est

proche, moins nombreux sont ceux qui y tendent.
Enfin quatre hommes obstinés, fidèles sans espoir à
leur consigne, l'atteignent, se jettent dans l'eau du
canal et sont frappés à mort.

Et tandis que le Suez recouvre leurs corps sacrifiés
et que leurs compagnons refoulés regagnent en
désordre le désert farouche, les derniers échos du
canon troublent les solitudes triomphantes du lointain Sinaï.

Juin 1915.

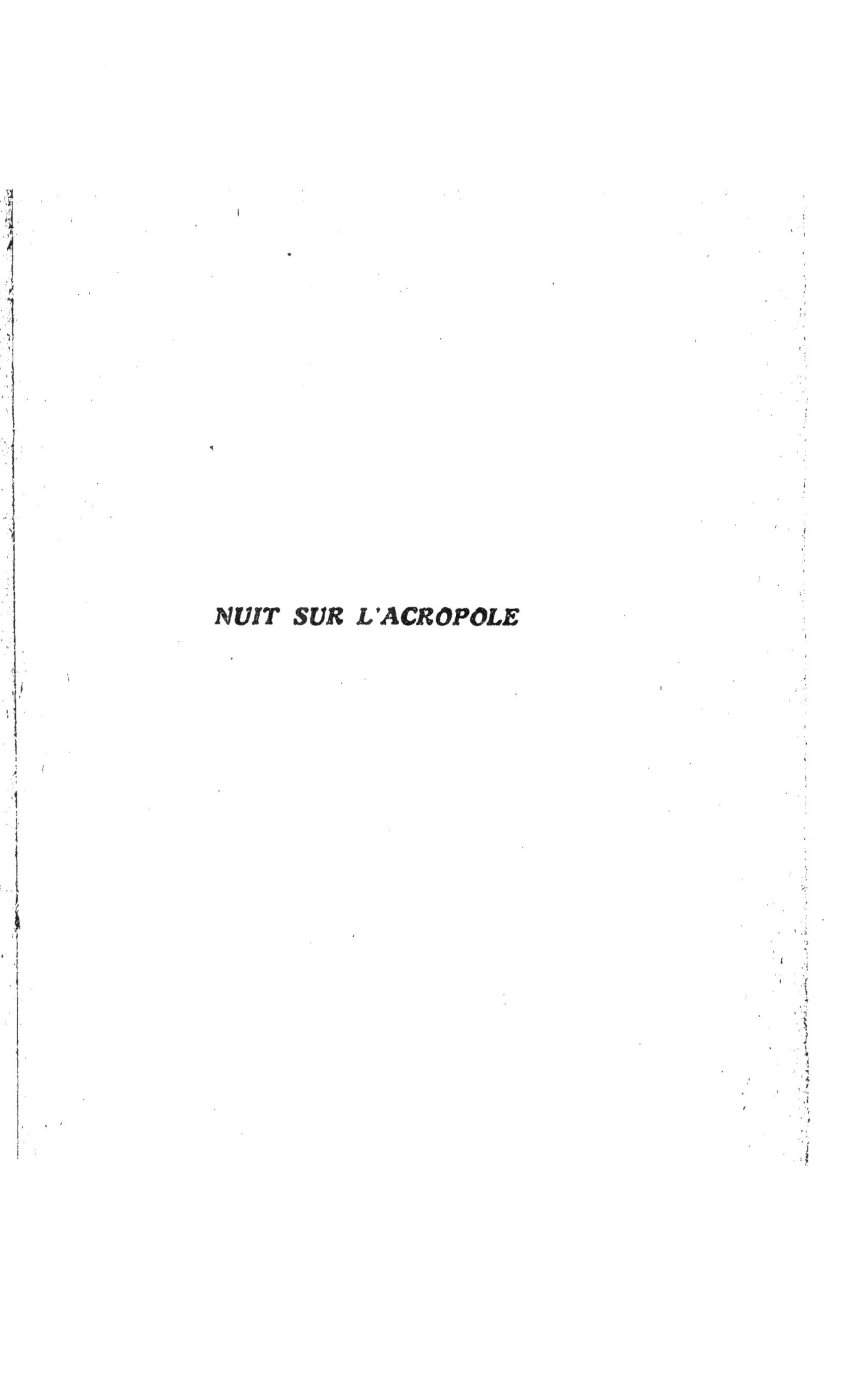

NUIT SUR L'ACROPOLE

NUIT SUR L'ACROPOLE.

Viens, Sélène se glisse sous les ombres des myrtes. Daphné frissonne au souffle du zéphire. Poseidon dort au loin et dans la nuit sereine, l'écho nous apporte le murmure de la mer. Je te conduirai sur l'auguste colline où Pallas Athéna dressait son corps d'ivoire; son bras droit s'appuyait sur la lance d'Hellas, la Victoire laurée surgissait de sa main, l'égide de bronze cuirassait sa poitrine et le griffon ailé coiffait son chef casqué d'or.

Voici la route. Les phalènes nous quittent et les grillons se taisent. Vois, le sol est aride et le séjour des dieux est un rocher sévère.

Sous les Propylées résonnent nos pas sonores. Les ombres bleues des colonnes se penchent aux murs de marbre. Pose ta main blanche dans la conque des cannelures profondes. Phébé met son mystère dans la forêt de pierre. Au seuil de l'Acropole, restons dans la nuit claire.

*
* *

Ecoute ce chant triste et lointain qui monte jusqu'à nous. On dirait qu'une femme en prière invoque la déesse. Au rythme de sa voix, approchonsnous du temple. Prends garde : les dalles sont brisées et le roc découvert met son écueil aigu sous ton pied flexible. Assure ta marche à l'aide de mon bras. Va, parmi les débris de marbre, nous arriverons sans heurt.

Regarde sur le sol les trous béants des stèles votives et ces rainures polies qui s'ouvrent comme le calice d'une grande fleur : c'est là que glissait la porte de bronze qui fermait la cité sainte. Voici le carré linéaire où s'érigeait Pallas. Cueille cette herbe menue, tu l'emporteras loin d'ici; le destin qui te guide au foyer de la sagesse, en la mettant sous ta main, a voulu que tu te souviennes...

Les Caryatides d'Erechtée sous leur diploïs léger

regardent le temple fendu. La lune éclaire leurs
yeux vides, mais c'est leur front qui reflète les
lignes pures de la Beauté. La Raison qui triomphe
sous les portiques ébranlés commande leur éternelle attitude; par-dessus les murs écroulés qui se
répandent jusqu'à elles, inlassablement, elles font
face à la Divinité.

*
* *

Enfin la voie sacrée nous mène au Parthénon. Le
pronaos marie nos ombres aux ombres des colonnes et tout le temple a pour plafond le firmament
étoilé. Jusqu'à l'opisthodome glissons-nous silen-
cieux. La déesse toujours présente règne ici comme
autrefois et les ruines ne sont qu'un aspect nouveau
de son temple.

A l'angle des gradins d'où l'on découvre Athènes
arrêtons-nous. Repose ta tête sur cette pierre, au-
dessous des Panathénées. La ville tout entière sommeille aux pieds des dieux.

. . . .

Et la nuit s'écoula transparente et chaude. L'Agora

était vide et la Pnyx était muette. Morphée triom -
phait des sophistes allemands qui tout le jour avaient
trompé le peuple ; un calme élyséen régnait sur la
nature et la baie du Phalère était comme un miro ir
où se reflétait la Vérité, le soir.

          Juin 1915.

TCHERNAGORA

TCHERNAGORA.

Tchernagora! Tchernagora! Montagnes noires!
Sur vos pentes dénudées habite une race forte, dans
vos gorges silencieuses de hardis chasseurs guettent leur proie, sur vos sommets l'aigle construit
son aire. Mont Lovcken! Les voukodlaks et les vampires peuplent tes cavités sombres; ton front dur
se reflète comme une lame dans le miroir de Cattaro. Tes sentiers croulants sont maculés du sang
des hanches et des échines des Turcs que la colère
fatale des guerriers d'Ivan le Noir a précipités d'en
haut...

Le Vladika renonçant à la dignité épiscopale a
pris le titre de Gospodar et sous son pouvoir de
prince, les Turcs ont pâti; leurs crânes accumulés
ont formé une tour au milieu des maisons basses.

Trois fois depuis Kossovo, ils ont pénétré au cœur
du pays, et trois fois, ils en ont été chassés; mais la
Tchernagora n'abritait plus qu'une poignée de héros.
Ses femmes désolées ont recouvert leur tête d'un
voile de deuil, mais ses filles ont coiffé la kapa rouge
des hommes pour décupler leur courage en stimu-
lant leur fierté.

Après des temps révolus, le Turc obstiné, un jour,
est revenu; mais il a trouvé dans les maquis de la
Katounska mille fois plus de guerriers qu'il n'en
avait laissé, armés et fiers toujours, souples dans la
montagne comme des fauves, adroits et courageux
comme des chasseurs de loups.

C'était hier. J'errais par les rues de Cettigné où la
foule des femmes et des vieillards qui n'avait pu
suivre les combattants, attendait, anxieuse, les
nouvelles de la bataille qui faisait rage au bout
du lac de Skodra. Les humbles boutiques avaient
leurs volets clos, des lueurs apparaissaient derrière
les fenêtres où agonisaient les blessés qu'on avait pu
ramasser là-bas, sur le lugubre Taraboch. Je compa-
rais la petite capitale à ce qu'elle était à peine un an

plus tôt, lorsqu'elle vivait dans cette paix, toujours défiante il est vrai, mais qui était sa paix à elle, la seule qu'elle eût jamais connue.

Le jour, sous les platanes, on rencontrait alors des hommes superbement vêtus d'étoffes claires qui portaient des pistolets à leur ceinture. Ils consacraient peu d'heures au travail et ramenaient, avant le soir, leur flânerie, au centre de la ville, comme aimantés par les cailloux de la route; car les hommes de la Tchernagora sont avant tout des guerriers qui abandonnent aux femmes avec les travaux du ménage, les soins à donner à la terre qu'ils ne savent que défendre. L'été, quand l'ardeur du soleil est calmée et que la nuit commence à monter par-dessus les montagnes, ils viennent s'asseoir le long des maisons de la rue principale et là, s'entretiennent de la gloire du pays. Les princes, les généraux, les ministres passent et repassent par cette voie uniquement fréquentée et se mêlent à la foule qui s'aperçoit à peine de leur présence. Telle était la vie, dans ce village singulier qui possédait un roi, des princes et des ministres.

Mais soudain, l'ennemi séculaire s'est dressé menaçant et d'abord, il s'en prit à des tribus voisines qui élevaient des troupeaux de chèvres et guerroyaient entre elles dans les monts d'Albanie. L'Arnaute au pied léger, traqué comme une bête par les Turcs, incendiaires dévala des montagnes jusque dans les plaines qui s'étendent au pied de la Tchernagora; il y chercha un refuge et implora des habitants aide et assistance. L'on vit alors cette chose surprenante et belle : une population pauvre s'appauvrir davantage pour secourir des pauvres, plus pauvres qu'elle.

Podgoritza! minuscule bourgade du plus petit des royaumes, tu fus la plus grande et la plus noble des villes, quand tu recueillis ceux que la barbarie chassait de leurs foyers. Hommes et femmes du Monténégro, vous fûtes un exemple pour tous les peuples de la terre, lorsque vous distribuâtes sans compter à de plus malheureux que vous, ce qui ne suffisait pas à vous-mêmes. Vous avez prouvé qu'il est au fond du cœur des peuples qui doivent vivre, qu'ils soient petits et faibles encore, qu'importe! des flammes qui couvent et ne s'éteignent jamais.

J'ai vu les grottés de la Moratcha regorger de Malissores; j'ai entendu ces malheureux demander à genoux qu'il leur fût permis de vivre sur un sol hospitalier et d'échapper à la férocité des Turcs, et je croyais entendre les voix des peuplades mortes fuyant épouvantées la horde sanguinaire des vainqueurs du Bosphore. Et ce fut le Gospodar de la Tchernagora, devenu roi, qui traita en leur nom avec leurs persécuteurs et assura leur sort.

C'était hier encore. L'Ottoman avait amassé contre lui la haine des peuples des Balkans. Celui qui vit dans la Tchernagora, le premier de tous, lui déclara la guerre. Les kapas rouges se répandirent sur les frontières et mirent des coquelicots dans la montagne... Jours terribles, qui firent tressaillir dans la tombe les os des grands ancêtres. La guerre fut dure et longue. La citadelle de Rosapha pendant des jours et des jours faucha de sa mitraille les coquelicots mobiles. La Tchernagora tout entière retentit du bruit des canons répété par l'écho infini

des vallées. Mais cette fois encore le Turc fut
repoussé et la paix, pour peu de temps, hélas!
refleurit dans le royaume.

*
* *

C'est aujourd'hui. La flamme qui sommeille s'est
réveillée au cœur du peuple qui doit vivre et
grandir. Contre les Habsbourg dignes alliés des
Turcs, la Tchernagora s'est levée en masse. De
nouveau, les fleurs rouges parsèment les vallées et
le fracas des batailles résonne au-dessus de Cattaro.

Vieux Lovcken! Tu revis les temps d'autrefois,
tes flancs de marbre sont maculés de sang frais et
les ronces de tes pentes poussent des fleurs de
pourpre. Le miroir qui te reflète incessamment
brisé par les hélices, embu de la fumée des chau-
dières ressemble à un métal en fusion, au fond
d'un creuset gigantesque. Les voukodlaks et les
vampires que tu recèles sont sortis de leurs repaires,
mêlant leurs grincements aux clameurs de la guerre,
et les vilas, les fées bienfaisantes de tes légendes,
se sont enfuies... Mais elles reviendront quand les

barbares auront été chassés et que tes ronces ne dégoutteront plus de sang,

Tchernagora! Tchernagora! Montagnes noires! La race forte qui vous habite s'est alliée aux défenseurs de la cause humaine et ramènera la paix sur vous; dans vos gorges silencieuses de hardis chasseurs guetteront leurs proies; sur vos sommets l'aigle construira son aire. Mais vos sentiers croulants garderont encore les traces empourprées, pour que ceux qui les fouleront, qu'ils viennent des pays où la lumière se lève ou de la mer bleue qui voit l'astre couchant, se souviennent toujours que les fils d'Ivan le Noir ont vaincu les Turcs et vaincu les Habsbourg.

Juillet 1915.

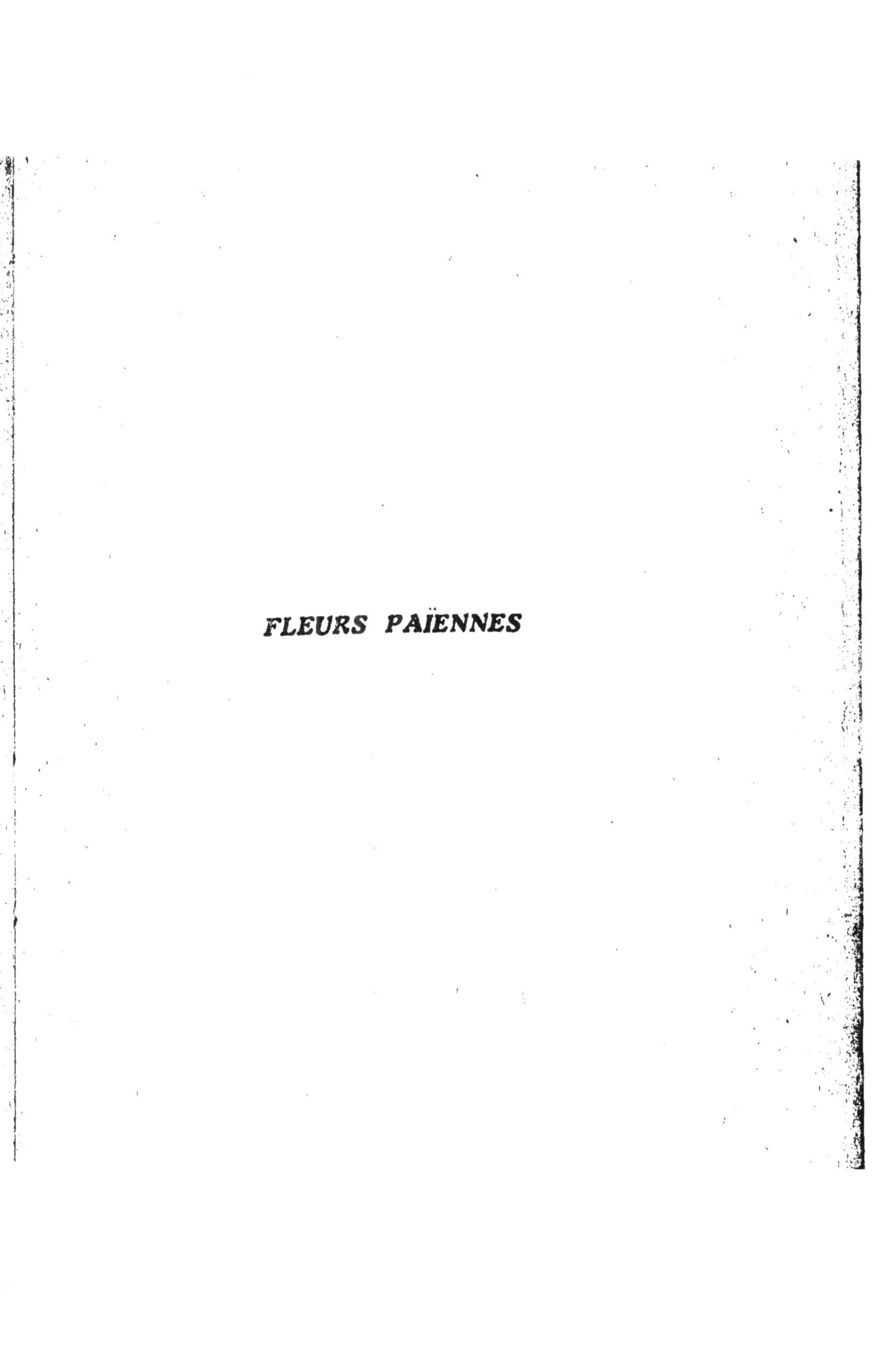

FLEURS PAÏENNES

FLEURS PAÏENNES.

Le soleil se levait sur les pins d'Eleusis quand
nous quittâmes Salamine. La mer était d'argent et la
voile inclinée offrait son golfe blanc au souffle du
matin. Vous étiez assise à l'arrière de l'esquif,
perdue dans des flots de linon; des bandelettes
bleues autour de votre tête fine retenaient vos cheveux noirs, Aquillon chiffonnait votre écharpe de
tulle et les reflets du ciel se jouaient sur vos doigts
roses.

Nous nous tûmes longtemps. Le clapotis des
vagues berçait votre rêverie — la nature à cette
heure vous était peu connue — et ce fut seulement
quand au char de Phébus, Aurore eut ouvert les
cent portes du ciel, que votre babillage s'envola dans
le vent.

Vous rappelez-vous qu'à l'ombre de la voile qui nous séparait du pilote, les heures nous parurent courtes, que le ciel et la mer n'étaient plus rien au monde et que tout l'horizon s'arrêtait à nous?... Mais lorsque le soleil eut atteint le zénith, la voix du matelot cria : Sounion! Et le cap apparut tout près de nous.

Sur une plage étroite, non loin des murs en ruine d'un sanctuaire d'Athéna, nous débarquâmes, et de là, gravissant la colline au sommet de laquelle s'érigeaient des colonnes, nous parvînmes au temple de Poseidon. Ce portique de marbre au bord de la falaise a connu Périclès et la foule s'y pressait lorsqu'aux Panathénées, les Grecs suivaient d'ici les joutes nautiques. Dans la vibration de l'air chaud de midi, nous vîmes l'Eubée, les Cyclades et les rives d'Argos; mais bientôt aveuglés par la lumière trop grande, nous revînmes vers la plage, à l'ombre des genêts.

Et voici qu'une enfant pieds nus et les cheveux au vent se montra et de loin vous tendit des fleurs. Une étoffe sombre drapait son corps menu. Elle avait comme vous un fin visage, de grands yeux noirs et cette étrange beauté des femmes de votre race, qui sur des traits d'Europe ont un charme d'Asie. Elle était toute jeune et timide; timide à la manière d'un faon qu'une caresse effarouche. Pourtant votre grâce lui donna confiance; elle s'approcha et vous offrit ses fleurs.

C'étaient des fleurs de la dune, pour la plupart sans couleur et sans odeur, des fleurs de pauvres, fleurs de la lande aride, les seules qu'elle eût jamais vues. Mais vous les prîtes avec joie et peut-être en avez-vous encore...

Plus tard, quand Phébus moins ardent se pencha vers Téthys et que nous fûmes dans notre barque pour le retour, l'enfant reparut avec de nouvelles fleurs; mais cette fois, elle les jeta dans les vagues, afin, dit-elle, que la mer nous fût propice... Et d'un geste grave, presque pieux, vous avez jeté vous-même des fleurs dans la mer bleue...

Gardez, Madame, ces restes de croyances qui ajoutèrent jadis au charme de l'Hellade, de cette contrée radieuse où la nature était si belle que le merveilleux s'y mêlait partout à la réalité ; croyez à Poseidon, aux Néréides et aux Tritons, aux dieux de Delphes, d'Olympie, d'Eleusis, croyez aux dieux des flots d'azur et des cimes lumineuses, mais ne croyez jamais à Wotan. Que le dieu de Siegfried reste en son ciel brumeux ; ne vous laissez pas convertir à son culte par les gens qui l'honorent, car ce sont des barbares indignes de vous. Conservez pour vos dieux vos fleurs païennes : c'est avec ces fleurs qu'a été commencé le bouquet de la Civilisation.

Août 1915.

TABLE

SORTI DES PRESSES

DE LA MAISON FIGUIÈRE ET Cⁱᵉ

LE 30 NOVEMBRE 1915